»So waren diese Bilder nicht. Sie waren surrealistisch, rätselhaft und traumschön. «

Traumdiebstähle

Eine Erzählung von Silke Scheuermann
zu Bildern von Alexander Paul Englert

editionfaust

Für meine Mutter, die mich gelehrt hat, an Träume zu glauben.

An zaghafte Urlauber

Ihr dürft euch sicher sein, es gibt hier keine
Wölfe, die auf grünem Rasen
golfen. Nachts droht hier nicht der schwarze Hund,
die harte Macht kann hier nicht wirken. Nichts Wildes
darf auf das Gelände. Dort, wie auch im
Gebäudeinnern, herrscht Sicherheit.

Seht doch die Zimmer, und wie friedlich
sie sich in den Spiegeln doppeln,
die Frauen, die dort lächelnd an den Fenstern stehn.
Die Scheiben zeigen:
Weit entfernt, im Freien, ist das Meer

so türkisfarben,
so unzerstörbar,
dass selbst Poseidon, das göttliche
Alphatier, öfters zu Ferienzeiten dem Olymp abschwört,
hier eincheckt (und dabei kein Pseudonym benutzt.)

Seid nicht besorgt beim Formular-Ausfüllen,
nehmt keinen Anstoß an all den Conciergen,
es sind nur Türhüter, die ihrer Pflicht
nachkommen. Beständig warnen:

Hinter den rauen Rändern der Zivilisation
beginnt Niemandsland.

Land, das ihr weder besiegen
noch betreten könnt,

Land, das sich
allem entzieht.

ШЕРЕМЕТЬЕВО
МЕЖДУНАРОДНЫЙ АЭРОПОРТ

Das Hotel hieß *Auberge de Rêve*. Es mochte am Namen gelegen haben, dass ich zum ersten Mal seit Jahren wieder auf den Gedanken kam, ich könnte mir ein paar Träume stehlen. Sofort versuchte ich mir zu sagen: Nein, ich bin ein achtunddreißig Jahre alter Unternehmensberater, mit Haus und Ehefrau. Ich stehle keine Träume mehr.

Doch die Idee war hartnäckig. Sie verfolgte mich beim Einchecken an der Rezeption, als ich die Zimmerschlüssel – beziehungsweise die Codekarte wie in den meisten Hotels inzwischen üblich – bekam, und auch noch, als ich mir mein Zimmer Nummer 10 ansah, Anzüge und Wäsche in den Schrank räumte und mich dann aufs Bett setzte. Ich ärgerte mich über mich selbst. Sicher, von Zeit zu Zeit hatte ich schon das Bedürfnis gehabt in den vergangenen Jahren, aber noch nie so massiv und vereinnahmend. Warum auf einmal hier?

Natürlich, es war ein schönes Hotel. Puristisch. Nicht auf diese Hightech-, sondern auf rustikale Art, aber es war

auch

auch nicht wirklich etwas Besonderes – ich meine, so wie das Eishotel am Nordpol etwas Besonderes ist, in dem die Gäste in Iglus schlafen, oder das kanadische Baumhaushotel mit seinen in die Zweige gebauten Kabinen. Nein, es war weit unaufdringlicher. Lag einfach in einer schönen Landschaft, in den grünen Hügeln, dort, wo Hessen aufhört und Bayern beginnt. Vermutlich handelte es sich um einen Familienbetrieb: Auf einem hellen Ledersessel, halb hinter die Rezeption gerückt, hatte ein sehr gut gekleideter älterer Herr mit einer Reihe Denkerfalten im gebräunten Gesicht gesessen, ihn hielt ich für den Besitzer, und sicher hatte auch er die surrealistischen Ölgemälde ausgesucht, die überall im Haus hingen, in der Rezeption und im Flur. Ich kenne mich mit Malerei ein wenig aus, schon durch die privaten Sammlungen der größeren Firmen. Es gibt diesen Unterschied zwischen Kunst und Innenarchitektur – Letzteres sind meist helle, freundliche Farbflächen, die heiter stimmen sollen und zum Mobiliar passen, und wenn es ganz schlimm kommt, sind noch Blumen oder Herzchen darauf. So waren diese Bilder nicht. Sie waren surrealistisch, rätselhaft und traumschön, ihre organischen Formen bildeten für mich bizarre Räume; andere Gemälde, die praktisch nur aus vollendeten Farbflecken bestanden, verglich ich mit dem Fell eines immer anderen, immer neuen ungewöhnlichen Tieres.

»Nein, es war weit unaufdringlicher. Lag einfach in einer schönen Landschaft …«

Ich sah auf die Uhr. Es war gegen acht Uhr abends. Ich merkte, wie hungrig ich war. Die Gespräche in der Öko-Kleidungsfirma in der Nähe von Aschaffenburg hatten mich ermüdet, und ich war zuerst ärgerlich gewesen, dass mir meine Sekretärin keine Unterkunft in der Stadt gebucht hatte und ich eine halbe Stunde bis zu dieser *Auberge* brauchen würde, wie mein Navigationsgerät wusste. Doch dann entspannte mich die immer grüner werdende Umgebung, die mir durch die Windschutzscheibe entgegenkam.

Zum Essen konnte ich zwischen dem in dunklem Holz gehaltenen Bistroteil und dem durch eine halbhohe Wand abgetrennten, etwas feineren Sternerestaurant wählen, das heißt, genau genommen konnte ich es nicht, wenn ich nicht warten wollte: Im Bistro war kein Tisch mehr frei.

Also setzte ich mich ins Restaurant und bestellte – was kann man bei Sterneküche schon falsch machen? – das Menü des Tages, ohne einen Blick in die Karte zu werfen. Beim Aperitif und Wein ließ ich dem Kellner freie Wahl, was ihn mit stolzem und zufriedenem Gesicht abziehen ließ. Ich war unkonzentriert, weil ich immer noch an einen möglichen Traumdiebstahl dachte. Dieses freundliche, kunstsinnige Hotel hätte mit Sicherheit die geeigneten Gäste dafür – aber nein, auf keinen Fall. Gedankenstopp! Umsehen, aufs Hier und Jetzt achten!

 Da ich

»Umsehen, aufs Hier und Jetzt achten!«

Da ich die anderen Gäste nicht anstarren wollte, betrachtete ich notgedrungen die Wand, an der wieder zwei Bilder im mir schon bekannten Stil hingen. Ich kniff die Lider zusammen: Diesmal konnte ich Zwischenwesen aus Vögeln und Frauen in den bunten Klecksen erkennen. Flüchtig dachte ich daran, den Namen des Künstlers oder der Künstlerin zu erfragen: Ein, zwei Gemälde dieser Art würden mein typisch schwarzes und chromblitzendes Unternehmensberaterbüro atmosphärisch mit Sicherheit aufmöbeln.

Um mich herum herrschte gedämpftes Gemurmel; die Leute unterhielten sich beim Essen. Es war eine Mischung aus Ausfluglern, Geschäftsleuten und Gästen aus der Gegend, nur der kleinere Teil übernachtete wohl hier.

Als Vorspeise kam gebratene Leber, ich aß sehr langsam. Und irgendwann zwischen zwei Bissen musste ich mir eingestehen: Ein Gedankenstopp war nicht mehr möglich. Ich war längst über den Punkt hinaus, an dem ich mich noch selbst davon abbringen wollte. Überrascht setzte ich die Gabel ab. Das Bild an der Wand zeigte mir eine lachende Frau und einen abstürzenden Vogel.

Nun bedauerte ich es nicht mehr, allein dazusitzen. Ein Gespräch hätte mich von meiner Vorfreude abgelenkt, einer Vorfreude, die mich jetzt so groß und gewaltig überfiel, dass mir ein glucksender Lacher entfuhr und ich rasch ein unbeteiligtes Gesicht machen und etwas Wein trinken

 musste

musste, bevor jemand zu mir herüberschaute und mich seltsam fand.

Am Tisch links von mir saßen eine hübsche Blondine, etwa zwanzig Jahre alt, und eine schätzungsweise Fünfzigjährige, die ihr so ähnlich sah, dass ich annahm, es handle sich um Mutter und Tochter. Beide hatten große hellblaue Augen. Die Tochter las laut aus der Speisekarte das »Menü des Tages« vor, und so erfuhr ich, was ich bestellt hatte:

Gebratene Gänsestopfleber mit Amaranth auf Baumkuchen und glacierten Gewürzkaffeebohnen
Rücken vom Odenwaldreh auf Spitzkohl mit Pfifferlingen, geschmorten Nektarinen und Pinienkernpolenta
Aprikosentarte und Beerencreme mit Zitronengrasjus.

»Oh là là, très français«, sagte die Mutter.

Die Tochter erklärte, français oder nicht, sie würde so etwas nicht essen können. Sie wolle sich nach einem vegetarischen Gericht erkundigen, das Reh tue ihr leid, und sowieso, der Odenwald, in dem es mal herumgesprungen war, das setze man doch so nicht auf die Karte! Ich fragte mich, ob sie häufig von Tieren träumte, geretteten oder gemarterten – ja, zugegeben: Ich suchte bereits nach einem Kandidaten oder einer Kandidatin für meinen Übergriff. Doch dann vernahm ich wieder die Stimme der Mutter, im

Deutschen hörte sie sich sogar noch ein wenig weicher an als zuvor im Französischen, und mein Interesse verlagerte sich auf sie.

Die Mutter widersprach, Spitzenköche fänden Vegetarismus albern, und begann, von Fisch- und Geflügelfond zu erzählen. Es klang wie eine Konversation, die sich so oder so ähnlich schon mehrfach abgespielt hatte, die beiden Frauen schienen ihre Meinungsverschiedenheit nicht besonders ernst zu nehmen. Während ich den beiden zuhörte, tat ich so, als wäre ich mit meinem iPhone beschäftigt.

Das Thema »Tiere essen« ist ja schier unerschöpflich. Mir fiel das Geschäftsdinner bei jenem Unternehmen in China ein, bei dem ich in jungen Jahren Praktikant gewesen war: Es hatte einmal einen ganzen gesottenen Hund gegeben, noch deutlich als solcher erkennbar, und doch hatte ich mich, blutjung, wie ich war, nicht getraut, die vermeintliche Unhöflichkeit zu begehen und etwas auf meinem Teller zurückzulassen. Was die höflichen Gastgeber dazu bewog, mir immer wieder nachzulegen, so dass ich wenn schon nicht den halben Hund, so doch mindestens zwei Beine und ein größeres Rückenstück intus hatte, bis mir ein Kollege flüsternd den Trick verriet, ein Stückchen liegen zu lassen, das zeige, dass ich satt sei. Als der Hund abgetragen worden war, kam der Koch an unseren Tisch und erzählte etwas, worüber alle in Lachen ausbrachen. Ich bat um Übersetzung

 und erfuhr

und erfuhr, das gerade von uns verzehrte Tier sei frisch geliefert worden und hätte noch vor gut drei Stunden versucht, aus der Küche zu entkommen. Er habe dabei eine Schüssel Tofu umgeworfen. Den guten Dessert-Tofu habe man daraufhin wegwerfen müssen; der Koch bedauerte dies sehr. Dafür käme nun frisches Obst.

Ich stand so abrupt auf, dass mein Stuhl hintenüberkippte. Schaffte es gerade noch zur Toilette.

Bis zur Pubertät war ich geradezu süchtig danach gewesen, an den Träumen anderer teilzunehmen, kein Wunder, wuchs ich doch praktisch in einem Schlaflabor auf: Mein Vater war Traumforscher, meine Mutter arbeitete als medizinisch-technische Assistentin bei ihm, und so wie andere Kinder abends eine Gute-Nacht-Geschichte zu hören bekommen, lauschte ich von Kindesbeinen an den Probanden, die immer wieder zu bestimmten Zeiten aus dem Schlaf geholt wurden und meinen Eltern von ihren Träumen berichteten.

Ich hatte also Möglichkeiten, die andere Kinder gar nicht kannten. Meine Erziehung, meine Unterhaltung – all das bezog ich aus den Träumen anderer. Ob das gut war oder schlecht für meine Entwicklung, halte ich für eine überflüssige Frage. Es war nun einmal so gewesen, basta.

Zudem war ich talentiert, wie sich bald herausstellte: Während die großen Apparate nur die Augenbewegungen, Atemzüge und den Blutdruck maßen, konnte ich weitaus mehr: Ich entwickelte die Fähigkeit, die Träume der Menschen zu lesen. Ich verstand komplette Geschichten – vielleicht nicht in ihrer ganzen Tragweite, nicht im psychologischen Sinn, aber die Bilder. Geräusche, Gerüche, Gefühle beschreiben, das konnte ich.

Bald war ich unentbehrlich für meine Eltern, denn sie sahen sich, wie alle Traumforscher, mit dem generellen

 Problem

Problem konfrontiert, dass der Traum an sich natürlich nicht unmittelbar beobachtet werden kann.

Zwar versuchten sie, die Schläfer so weit zu trainieren, dass sie ihnen mit Hilfe von vereinbarten Augenbewegungen Trauminhalte übermitteln konnten. Doch sosehr sie sich auch bemühten, es gelang ihnen nur bei sehr speziellen Probanden, nämlich jenen, die luzide träumten, die sich also die ganze Zeit über ihres Traums bewusst waren. Für mich sind diese so genannten Klarträume nie wirkliche Träume gewesen, weil die Schlafenden ihren Inhalt teilweise steuern und für ihre eigene Kreativität nutzen können.

Alle anderen aber mussten ständig geweckt, aus dem Traum gerissen und befragt werden.

Wie viel besser war es da, wenn man mich mit Block und Stift danebensetzte, um die Träume mitzulesen und zu notieren. Unter uns sprachen wir immer davon, dass ich die Träume der Schlafenden »lese«, gerade so, als ob da ein aufgeschlagenes Buch vor mir liegen würde. Später sagte ich selbst, das ich daran »teilnähme«, einfach, weil es sich inzwischen genau so anfühlte. Das Wort »stehlen« benutzte ich erstmals in einer bestimmten Nacht: Ich war im Traum einer alten Frau gewesen, einem mädchenhaften Traum, der auf einer Art Schlossinsel spielte.

Die Frau selbst erinnerte sich beim Aufwachen an absolut gar nichts mehr, wohingegen die Atmosphäre auf der

Insel zu einer meiner schönsten Bilderinnerungen überhaupt wurde. Wenn ich also von »stehlen« spreche, kommt darin mein schlechtes Gewissen zum Ausdruck. Mit dem Älterwerden stieß ich natürlich auch auf moralische Probleme, Begriffe wie Intimsphäre ergaben plötzlich Sinn. Natürlich mögen Forscher es nicht, wenn man an ihren Methoden zweifelt: »Wie kann man etwas Immaterielles stehlen?«, fragte meine Mutter ärgerlich. »Das geht nicht.«

Meine Eltern interessierten sich dafür, wie der Schlaf den Menschen im wachen Leben helfen könnte, ihre Probleme zu lösen und kreativer zu werden. Den Beatles, so das Lieblingsbeispiel meines Vaters, sei der Song *Yesterday* im Schlaf eingefallen, und August Kekulé kam durch den Traum von einer Schlange, die sich in den Schwanz biss, auf die Idee, Benzol könnte ringförmig aufgebaut sein.

Das Lieblingsbeispiel meiner Mutter war der Erfinder, der den Traum von der Nähmaschine hatte. Seinen Namen habe ich mir nicht gemerkt, denn eine Welt ohne Nähmaschinen konnte ich mir gut vorstellen.

Dass meine Eltern dermaßen auf mich angewiesen waren, gefiel mir. Zudem war es für mich keine »Arbeit« – das Mitträumen lässt sich am besten mit einer tiefen, konzentrierten Meditation vergleichen –, sondern Abenteuer, Sex, Spaß, Krimi und Horror, sprich: großes Kino.

 Nur einen

»Ich wollte nicht mehr an den Wünschen und Ängsten Fremder teilhaben, sondern etwas Eigenes erleben

Nur einen einzigen Nachteil gab es: Ich war ständig übernächtigt. Heute noch kommt es mir vor, als wäre ich der müdeste Junge der ganzen Welt gewesen. Gähnen, Sauerstoffmangel, schlechte Konzentration und Unterzuckerung – all diese Symptome formten das Grundgefühl meiner Kindheit und Jugend.

Meine Eltern schliefen vormittags, wenn ich in der Schule war. Ich nickte oft an meinem Pult ein, aber weil ich ein guter Schüler war, drückten die Lehrer ein Auge zu. Sie schoben es auf meine Eltern, die allgemein als etwas seltsam galten.

An meinem fünfzehnten Geburtstag behauptete ich, die Fähigkeit, an den Träumen Fremder teilzunehmen, sei mir abhandengekommen. Wenn ich damit meine Eltern bestrafen wollte – ich gebe nicht viel auf Küchenpsychologie –, war mir kein großer Erfolg beschieden. Mir kam es so vor, als hätten sie schon am nächsten Tag vergessen gehabt, dass es mich gab und ich ihnen einmal bei der Forschung geholfen hatte.

Ich vermisste

Ich vermisste meine nächtliche Tätigkeit nicht. Es gab einen Punkt, da wollte ich nicht mehr an den Wünschen, Ängsten und Reisen Fremder teilhaben, sondern etwas Eigenes erleben. Natürlich spielte ein Mädchen eine Rolle. Ich hatte, auch wenn dies etwas schief klingen mag, ausgeträumt. Wollte ein normaler Jugendlicher sein und nachts lieber in Diskotheken gehen oder ins Kino.

Und doch war ich ein wenig weiter entwickelt als die anderen und wurde dadurch in die Position eines Außenseiters gedrängt. Ich hatte, wie man so schön sagt, einfach schon zu viel gesehen. Und weil die Traumstrukturen so unverständlich und hoch kompliziert sind, hatte ich früh begriffen, dass man das Leben, auch das eigene, immer nur teilweise versteht. Meinen Schulfreunden bei der Suche nach Sinn und Richtung in ihren kleinen, einfachen Biografien zuzusehen war ein wenig so, als beobachte eine wohlwollende Mutter die Gehversuche ihres Kleinkindes. Auf manche Jungs wirkte ich ein bisschen arrogant, aber bei Mädchen kam ich gut an.

Die Aperitifs für den Nachbartisch kamen, und nachdem Mutter und Tochter miteinander angestoßen hatten, begann die junge Frau von ihrem Studium zu erzählen.

»Ich studiere *Sozio*logie, Mama!«, sagte die Tochter gerade. »Und Glücksspiel ist soziologisch schon deshalb interessant, weil der Bruttoumsatz in Deutschland ungefähr bei dreißig Milliarden im Monat liegt, dreißig Milliarden, kannst du dir das vorstellen? Das ist das Dreifache von deinem geliebten Buchmarkt!«

Ich säbelte am Odenwaldreh und lauschte. Die Mutter fragte etwas, das ich nicht verstand, aber der leise Klang ihrer Stimme verzauberte mich. Die Tochter antwortete: »Ja, Lotterien. Aber auch Sportwetten und Spielcasinos. Es ist irre, gerade bei Lotterien: Die Spieler wissen ganz genau, wie extrem unwahrscheinlich ein Gewinn ist – wer jede Woche spielt, gewinnt statistisch alle 2,7 Millionen Jahre, aber …«

»Na«, sagte die Mutter – ich verstand sie wirklich verdammt schlecht –, »ich wusste nicht, dass es dermaßen selten ist! Bei diesen Rubbellosen …«

Dann wurde sie wieder leiser. Ich ärgerte mich. Es war, als säße ich bei einer hoch spannenden Sendung vor einem nur eingeschränkt funktionierenden Radio und bekäme nur Satzfragmente mit.

Zu guter Letzt, ich war inzwischen mit der Hauptspeise fertig, betrat auch noch eine Gruppe Japaner das Restaurant, für die man lärmend drei Tische zusammenrückte. Ich kann behaupten, dass ich mich ein wenig mit ihrer Mentalität auskenne. Im Schlaflabor hatte es unter den Teilnehmern überproportional viele Japaner gegeben. Das hatte daran gelegen, dass der Aushang (»Probanden für Schlaflabor gesucht«), den mein Vater ans schwarze Brett der Universität pinnen ließ, von einem seiner Studenten auch ins Japanische übersetzt worden war. Es war ein netter Student; ich weiß noch, dass er Yangyan hieß und immer eine Tupperdose oder Bentobox bei sich trug, in der sich seine nächste Mahlzeit befand.

Japaner sind in ihren Träumen selten allein; selbst wenn sie von deutschen Autos träumen – und das tun gar nicht so wenige –, sitzt darin meist die komplette Familie, mit Schwestern und Tanten und so weiter. Weder wenn sie von der Arbeit noch wenn sie von ihrer Freizeit träumen, sind sie allein. Nein, sie sitzen in Großraumbüros oder laufen mit Hunderten anderer Sportler Marathon. Yangyan, mit dem ich darüber sprach, berichtete mir, dass seine Landsleute von klein auf nur durch dünne Papierwände voneinander getrennt schlafen; sie hören beim Einschlafen immer den Atem der andern, auch wie sie sich umdrehen und im Schlaf seufzen. Dass es kein Grundgefühl von Einsamkeit gibt in ihren Träumen, liegt vielleicht daran.

Als ich in die Träume von Japanern eintauchte, ähnelten sie Wimmelbildern. Ich erlebte, noch bevor ich davon wusste, wie *gleich* alle Europäer für sie aussehen und wie differenziert sie einander wahrnehmen.

Die lärmende Gruppe im Restaurant beugte sich endlich über die Speisekarten. So kehrte zumindest ein wenig Ruhe ein. Ich hörte die Stimme der Tochter: »Nun, es gibt bei Menschen einfach eine Neigung zum Glücksspiel. Das ist wie das Schicksal herausfordern, weißt du. Man glaubt an das ›Los‹ im Sinne von Fügung oder Vorherbestimmung … als die griechischen Götter den Olymp aufteilten, was denkst du, wie haben die das gemacht? Per Los! Zeus bekam den Himmel, Poseidon das Meer und Hades die Unterwelt … und so träumen die Leute heute noch von großen Gewinnen, sie wollen die soziale Leiter hochklettern, sich eine Yacht, ein Auto kaufen … hast du dir nicht auch schon mal überlegt: Was würde ich machen in der Zukunft, wenn ich zehn Millionen hätte? Ich habe das mit meinen Freundinnen oft durchgespielt.«

»Wirklich?«, sagte die Mutter. »Davon wusste ich gar nichts. Nun, ich glaube, der Unterschied zwischen den älteren und den jüngeren Menschen besteht vor allem darin, dass wir von der besseren Vergangenheit träumen und ihr von der besseren Zukunft.«

Die Tochter kicherte los: »Na, dann träumst du von einer Schönheitsoperation, das gilt auch als Zukunftstraum!«

Ich musste

»Zeus bekam den Himmel, Poseidon das Meer und Hades die Unterwelt ...«

Ich musste ebenfalls lachen, doch eher aus einer Art innerer Anspannung heraus; mir gefiel das Gespräch der beiden zu gut.

Dann bemerkte ich, dass sie zu mir herübersahen, und tat so, als hätte ich mich verschluckt. Aber zu spät, nun sprachen sie leiser, ja sie flüsterten geradezu, was mich veranlasste, scheinbar gedankenverloren meinen Blick Richtung Fenster schweifen zu lassen.

Eine Weile verging, bis ich wieder etwas verstand: »Es gibt eine Selbsthilfegruppe für Lottomillionäre in den USA? Weil sie glauben, sie würden nur wegen ihres Geldes geliebt? Wirklich?« Die Mutter konnte es kaum glauben: »Das ist so ziemlich das Verrückteste, was ich je gehört habe.«

Die beiden lachten miteinander wie Freundinnen. Ich beneidete die Tochter ein wenig – solche Gespräche hätte ich gerne auch mit meinen Eltern geführt, aber die waren immer zu beschäftigt gewesen. Nach dem Abitur zog ich aus und begann, Betriebswirtschaft zu studieren – nicht, wie sie es stillschweigend erwartet hatten, Medizin oder Psychologie oder beides. Seitdem haben wir kaum noch Kontakt, sie interessieren sich nicht für Dinge, die außerhalb ihres Fachgebiets liegen.

Dabei denke ich manchmal, dass meine Arbeit sich in mancher Hinsicht mit der meines Vaters vergleichen lässt. Als Unternehmensberater sehe ich die Betriebe, die ich untersuche, schließlich auch als große, gestörte Organismen, die es zu erforschen, auszuwerten und zu beraten gilt. Es hat mir anfangs Kummer bereitet, Leute entlassen zu müssen, aber inzwischen habe ich mich daran gewöhnt. Schließlich bedeutet es nichts anderes, als dass andere Arbeitsplätze erhalten bleiben. Beratungsresistente Firmen mit sentimentalen Bossen gehen ein paar Jahre später bankrott und beschäftigen überhaupt niemanden mehr.

Ich bin gut in meinem Job. Ein Profi, der sich Gefühle für sein Privatleben aufspart.

»Ich bin gut in meinem Job. Ein Profi, der sich Gefühle für sein Privatleben aufspart.«

Am Nachbartisch wurde Espresso geordert. Ich ließ das Essen auf die Zimmerrechnung setzen und nahm im Foyer des Hotels Platz, so dass ich sehen konnte, ob die beiden das Haus Richtung Parkplatz verließen oder nicht.

Mir gegenüber, gleich neben der Rezeption, thronte der attraktive ältere Herr mit gebräuntem Teint in einem wuchtigen Sessel. Durch die halblangen, graumelierten Haare wirkte er wie ein Künstler. Ich schätzte ihn auf Anfang sechzig. Die Art, wie er von seiner etwas exponierten Position aus mit sehr hellblauen, freundlichen Augen das Geschehen im Foyer betrachtete, war nicht die eines Gastes – ich war mir inzwischen sicher, dass es sich bei ihm um den Besitzer des Hotels handelte.

Er wirkte zufrieden und hatte auch allen Grund dazu: Sein Haus lief ausgezeichnet, für einen Platz im Restaurant oder Bistro stellten sich die Leute sogar an.

Als wir Blickkontakt hatten, lächelte ich ihm zu.

Nun kamen Mutter und Tochter aus dem Restaurant. Die Tochter hielt plötzlich einen Schlüssel in der Hand, ihren Autoschlüssel anscheinend, umarmte die Mutter zum Abschied und ging. Ich war mehr als überrascht; mit dieser Konstellation hatte ich überhaupt nicht gerechnet, sie ergab für mich keinen Sinn.

Die Mutter war nun allein und sah ihr nach. Auf einmal gefiel es mir überhaupt nicht mehr, sie in Gedanken nur »die

Mutter«

Mutter« zu nennen, das passte so gar nicht zu dieser geheimnisvollen Frau, und jetzt, wo sie tochterlos dastand, war es geradezu unsinnig.

Im Profil erinnerte sie mich an eine Frau im Traumlabor, die Einzige, deren Träume ich nicht hatte knacken können, ich hatte nächtelang frustriert vor ihr gesessen. Damals war sie mir erwachsen vorgekommen, heute schätze ich, dass sie gerade volljährig geworden war. Meine Eltern hielten sie für eine Kifferin und vermuteten, dass sie aus diesem Grund schlafend kaum in REM-Phasen gelangte. Obwohl die junge Frau es abstritt, wollten sie sie als Probandin nicht mehr haben.

Ich versuchte, mich an ihren Namen zu erinnern … Melanie? Ganz sicher war ich mir nicht, aber der Name gefiel mir, und ich beschloss, die fremde Mutter bis auf weiteres Melanie zu nennen. Nur so insgeheim. Nur für mich.

Was sie – Melanie – wohl träumte? Wirklich nur von der Vergangenheit, wie ihre Tochter sie geneckt hatte? Das konnte ich mir schwer vorstellen.

Endlich gab sie sich einen Ruck und tat ein paar Schritte Richtung Aufzug.

Ich stellte mich dazu und fuhr mit.

»Ein schönes Hotel«, sagte ich, »Sie waren doch eben auch in dem vorzüglichen Restaurant, oder? Ich überlege mir, ein paar Tage länger zu bleiben. Meinen Sie, man kann es hier aushalten?«

»Ja, sicher«

»Ja, sicher«, sagte sie zerstreut, »ich bin schon seit vorgestern da und bleibe auch noch eine Weile …«

Volltreffer. Mich ergriff ein Gefühl, als hätte ich – vielleicht nicht den Hauptpreis, aber doch einen mittleren – in der Lotterie gewonnen.

Sie stieg in der dritten Etage aus, ich auch.

»Huch«, sagte ich dann, »ich bin ja zu weit gefahren.«

Sie sah mich einen Moment lang abwesend an, lächelte und ging den Gang links entlang, Zimmer 308 bis 310. Nun, das schränkte die Auswahl schon beträchtlich ein. Ich fuhr hochzufrieden zurück zur ersten Etage und setzte mich so aufs Bett, dass ich das Fleck-Gemälde gut im Blick hatte. Es war der perfekte Platz zum Planen, beruhigend, fast meditativ. Was meine Arbeit betraf, so würde ich der Firma am nächsten Tag einen Plan für die nötigen Umstrukturierungen vorstellen. Danach hatte ich eigentlich für einige Tage nach Hause fahren wollen, zu meiner Frau. Ich würde Schwierigkeiten mit dem Projekt vorschützen müssen, um hierzubleiben, aber das war schon öfters passiert – tatsächlich passiert, meine ich.

Sie würde nicht überrascht sein und mir keine Vorwürfe machen. Wir waren seit vier Jahren verheiratet, und in der Anfangszeit unserer Ehe hatte es sie sehr betrübt, dass ich dauernd unterwegs war, aber inzwischen hatte sie sich erstaunlich gut damit abgefunden. Sie sagte, sie beschäftige sich

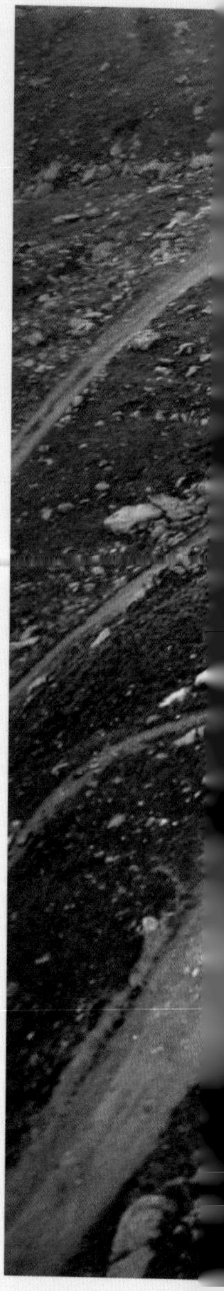

»Es war der perfekte Platz zum Planen, beruhigend, fast meditativ.«

mit Lesen, Seidenmalerei und unserem Garten, wenn ich weg sei. Nur manchmal machte sie Witze, wenn ich, noch halb schlafend, am Frühstückstisch saß und wartete, bis mir jemand den Kaffee brachte – wie im Hotel –, oder wenn ich im Bad die benutzten Handtücher auf den Boden warf.

Ich erreichte nur ihre Mailbox und hinterließ eine Nachricht, eine flotte Lüge, die mir nicht das geringste schlechte Gewissen bereitete.

Zur Rezeption fuhr ich wieder mit dem Aufzug – ich hätte auch per Haustelefon nach einer möglichen Verlängerung meines Aufenthalts fragen können, aber ich war unruhig und suchte eine Gelegenheit, mich zu bewegen. Außerdem – vielleicht streunte Melanie aus irgendeinem anderen Grund unten herum.

Eine Gruppe verdreckter, übermüdeter Wanderer war gerade angekommen und checkte ein. Sechs, nein sieben Leute etwa, in den so genannten besten Jahren, die die Rezeptionistin bis auf weiteres beschäftigen würden. Sie schenkte mir ein bedauerndes Lächeln, ich winkte großzügig ab. Der sympathische ältere Herr, den ich für den Hotelbesitzer hielt, war trotz des Tohuwabohus um ihn herum eingenickt. Sein Gesicht beim Schlafen sah nicht so eingesunken und ältlich aus wie bei vielen bemitleidenswerten Frauen und Männern in seinem Alter – deren Gesichter so reglos zu sein scheinen, dass man am liebsten sofort Atmung

und Herzschlag

und Herzschlag kontrollieren möchte, Gesichter, die mich als Junge zu Tode erschreckt haben, mir aber auch, in gewisser Weise, den Tod erklärten, nur eben ohne Worte. Er dagegen sah geglättet, verjüngt aus, so friedlich und gesund, dass ich gar nicht anders konnte, als an Segelyachten auf dunkelblauem Meer und an grüne Golfplätze zu denken.

Ich rückte möglichst unauffällig einen der anderen, einfacheren Sessel näher an seinen, schloss die Augen und konzentrierte mich. Ich hatte nie daran gezweifelt, dass ich auf meine Gabe, wenn auch lange ungenutzt, jederzeit würde zurückgreifen können – aber es war doch eine angenehme Empfindung, wie leicht, wie unmittelbar ich mich in seinen Traum einklinken konnte ... ein Bauernhof, ein kleiner Junge, die Kriegsjahre ... ein Frauenschwarm, begabt im Studium, das Leben präsentierte sich ihm auf einem Silbertablett ... Dann gab es einen merkwürdigen Bruch – eine Art Dunkelheit oder Nicht-Farbe, in der nur Klänge existierten. Seltsam, dachte ich, das Bewusstsein hat keine Bilder für das, was hier passiert. Als ob er von seinem eigenen Tod träumte, dachte ich, nur einem in jungen Jahren. Dann – war ich wieder nur ich. Der Hotelbesitzer war aufgewacht, weil zwei Wandersfrauen in ordinäres Gegacker ausgebrochen waren, weiß der Teufel, worüber sie lachten.

Ich fühlte mich um die Fortsetzung der Geschichte betrogen. Kindisch, denn wenn ich eines durchs Mitträumen

 gelernt

»... eine Art Dunkelheit oder Nicht-Farbe, in der nur Klänge existierten.«

gelernt hatte, dann das: Das Leben besteht aus Bruchstücken, es gibt keine Kohärenz, sie wird nur nachträglich eingefügt von uns, weil wir den Dingen auf Teufel komm raus das geben wollen, was wir einen Sinn nennen.

Interessant? Das Leben eines alten Mannes? Irgendeine fremde Biografie?, mögen Sie sich fragen. Ich habe das Mitträumen mit Kinofilmen verglichen, in die man plötzlich eintaucht und dann mitmacht. Aber im Gegensatz zu schlechten Filmen gibt es keine schlechten Träume. Etwas steht immer auf dem Spiel.

Immerhin zogen die Wanderer nun geschlossen ab. Zwei, drei Tage würde ich gerne länger bleiben, sagte ich zur Rezeptionistin, die daraufhin ziemlich lange auf das Display starrte. Schon wurde ich besorgt, da nickte sie endlich. Ich wollte mir nicht ausmalen, was ich hätte anstellen müssen, wenn ab dem nächsten Tag alles ausgebucht gewesen wäre! Sie bestechen? Einen Gast aus seinem Zimmer herauskaufen? Draußen vor der *Auberge* campen?

»Danke«, sagte ich. Der Hotelbesitzer war wieder eingenickt, ich hätte mich liebend gern ein weiteres Mal zu ihm gesetzt, aber dazu gab es nun wirklich keinen Grund mehr. Stattdessen beschloss ich, einen Spaziergang um das Haus zu machen. Im Nebengebäude war das gesamte Erdgeschoss hell erleuchtet: Die Wanderer machten es sich bei offenen Fenstern vor den auf maximale Lautstärke gestellten Fernsehern

 gemütlich

gemütlich. Ich hörte drei Programme durcheinander und entfernte mich ein Stück weit vom Haus. Irgendwo miaute eine Katze zum Gotterbarmen. Ich rauchte Zigarette um Zigarette und lief nervös hin und her, weil ich zu erraten versuchte, welches der dunklen Fenster im dritten Stock des Haupthauses zu Melanies Zimmer gehörte.

Dann gingen um Mitternacht alle Lichter im Erdgeschoss schlagartig aus. Als hätte der für sportliche Gruppen zuständige Sandmann in alle Zimmer gleichzeitig seinen Schlafsand gestreut.

Es herrschte eine wundervolle Stille, eine Stille, wie es sie nur draußen auf dem Land gibt. Einzelne Tiere schreckten irgendwo hoch, Glühwürmchen leuchteten hier und da, und was immer an diesem Ort lebte, zirpte und flirrte. Mit Sicherheit hätte ich nur wenige Pflanzen oder Tiere beim Namen nennen können. Ohrenbetäubend waren allein meine Schritte auf dem Kiesweg. Ich schlüpfte kurz entschlossen aus den Slippers und lief barfuß durchs kühle Gras. Lief sehr langsam und so nah, dass ich fast den Putz des Hauses mit der Schulter streifte, an den vier Zimmern der Wandergruppe vorbei. Schnappte ab und zu Traumfragmente auf, so, wie wenn sich jemand unkonzentriert durch die Kanäle zappt – und genauso ergebnislos.

Dann wurde auch ich schlagartig müde. Außerdem packte mich eine ungeheure Lust auf ein Glas frischen Apfelsaft.

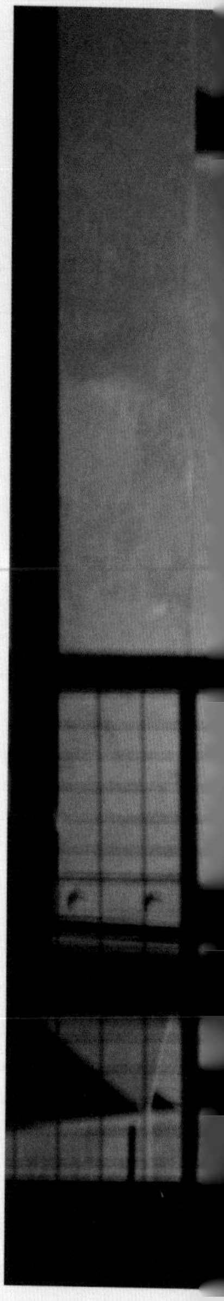

City Bar Re
1051
LUZ

»Es herrschte eine wundervolle Stille, eine Stille, wie es sie nur draußen auf dem Land gibt.«

Seltsam, ich befand mich in finsterer Nacht auf dem Land, allein und barfuß auf dem Rasen vor dem Hotel, vor dem Fenster eines schlafenden Paares mit Blasen an den Füßen – und wollte nichts mehr auf der Welt als einen Apfelsaft. Ich schüttelte den Kopf, zog meine Schuhe wieder an und beschloss, die Hotelbar aufzusuchen. Wer weiß, vielleicht ging es Melanie genauso wie mir, nur mit, sagen wir mal, Ananassaft.

Aber sie war nicht da. Der Barkeeper betrachtete mich belustigt, während ich in zwei Minuten eineinhalb Liter Possmanns naturtrüben Saft in mich hineinschüttete.

Auf seinem Schildchen stand »Eddie«. Ich hatte gar nicht gewusst, dass man das heute noch so machte – nur der Vorname. Ich sagte Eddie gute Nacht. Dann legte ich mich endlich aufs Hotelbett und schloss todmüde die Augen.

Ich schlief nicht lange in dieser Nacht, dafür aber ausgezeichnet. Natürlich traumlos. Ich träume nie. Habe ich das schon erwähnt? Wenn nicht, dann nur, weil meine Gabe des Mitträumens diesen Mangel meines Erachtens mehr als ausglich.

Biologisch ist es eigentlich unmöglich, aber dennoch wahr: Mein Vater hatte mich damals an seine Messgeräte gehängt, sie konnten weder Augenbewegungen noch irgendeine Hirnaktivität bei mir nachweisen. Im Schlaf bist du tot, hatte er schockiert gesagt.

»Ich schlief nicht lange in dieser Nacht, dafür aber ausgezeichnet. Natürlich traumlos.«

Am Morgen wachte ich davon auf, dass an meine Tür gepocht wurde. Ich musste mich erst einmal orientieren, wo ich war, und offenbar war ich dabei nicht schnell genug, denn auf einmal stand ein verdutztes Zimmermädchen im Raum. Es war ihr peinlich; sie bat tausendfach um Entschuldigung. Natürlich hatte sie erwartet, dass ich, als typischer Unternehmensberater, morgens zeitig aufstand und loszog, um Unternehmen zu beraten – und nicht, wie ich, das erste Meeting des Tages auf elf Uhr vormittags ansetzte.

Ich erwiderte nichts, sondern starrte sie an. Ich hatte noch nie ein Zimmermädchen gesehen, das exakt so aussah, als wäre es einer Agatha-Christie-Verfilmung entsprungen. Sie trug ein schwarzes Kleid mit einer bestickten weißen Schürze. Eine platinblonde Pagenfrisur umrahmte ihr rundliches Gesicht. Sie mochte vielleicht Mitte vierzig sein.

»Ist schon gut«, sagte ich, »in einer halben Stunde bin ich fertig, dann können Sie rein.«

Sie verschwand mit eingezogenem Kopf. Ich ging ins Bad. Als ich mich rasieren wollte, zuckte ich beim Anblick meines Spiegelbildes zurück. Mein Gesicht hatte sich verändert. Es war gebräunter, scharfkantiger, attraktiver, wenn auch nicht unbedingt gefälliger geworden. Es war, als hätten sich alle Züge zur Eindeutigkeit entschlossen, und nun sah ich – nicht mehr nur wie *ein Unternehmensberater*, sondern wie *der typische Unternehmensberater* aus. Jeder andere Hotelgast musste mir ansehen, womit ich mir mein Geld verdiente.

Auf dem Weg zum Frühstück suchte ich das Zimmermädchen, das mit seinem Putzwagen noch nicht weit gekommen war. Ich sah zu, wie sie das nächste Zimmer – diesmal nach gründlichem Klopfen und Warten – mit ihrer Universalcodekarte öffnete und sie dann zurück in ein kleines Stofffach hinten am Putzwagen steckte.

»Was denken Sie, Flora«, fragte ich sie, ihren Namen vom angehefteten Schildchen am Busen ablesend, »was ich beruflich tue?«

»Sie sind Unternehmensberater, schätze ich mal«, antwortete sie sofort. »Wieso?«

»Ach, nur so.«

Ich fragte nicht nach, woran sie das erkannte hatte; ich wusste es ja selbst. Ich gab Flora einen Zwanzig-Euro-Schein Trinkgeld, den sie erst geradezu bestürzt ablehnte, aber als ich dann Anstalten machte, die Hand mit dem Geld zurückzuziehen, verwandelte sich ihre Bestürzung in Panik, und sie schnappte ihn sich gerade noch rechtzeitig.

Ich nickte ihr zum Abschied freundlich zu und wandte mich ab. Nach ein paar Schritten sah ich mich noch einmal nach ihr um. Das Misstrauen in ihrem Gesicht war einem breiten Lächeln gewichen. Was für ein Idiot, dachte sie vermutlich. Es war mir egal.

»›Du verlässt mich. Warum?‹ ›Warum nicht?‹«

Falls ihre Universalcodekarte für den Zutritt zu allen Zimmern, die lose in einer Seitentasche am Wagen steckte, plötzlich verschwunden wäre, würde sie es zuallerletzt mir zutrauen, dem reichen Deppen.

Doch das wäre nur die Notlösung, um nachts in Melanies Zimmer zu gelangen. Plan A lautete: Sie nimmt mich freiwillig mit.

Im Aufzug war eine Wand komplett verspiegelt. Sogar mein Anzug sah teurer und gebügelter aus, in meinen Augen lauerte etwas Hartes, Erbarmungsloses, das auch blieb, wenn ich lächelte. Wenn ich mit den Fingern meiner rechten Hand über den gebräunten linken Handrücken fuhr, kam es mir vor, als berührte ich einen fremden Körper. Mir gefiel mein neues, hartes Ich. Kam es mir nur so vor, oder war selbst mein Bartwuchs in dieser einen Nacht in der *Auberge* weit stärker als sonst? Ich reckte mein Gesicht gerade dicht an den Spiegel, als der Aufzug im vierten Stock ein Pärchen hereinließ. Wir musterten uns gegenseitig ohne Sympathie. Die beiden auf Edelhippie zurechtgemachten Gestalten erkannten in mir sofort *einen aus der Wirtschaft*, also den Feind.

Einen Moment lang fühlte ich mich gar nicht mehr besonders stark. Eher wie ein Schauspieler, der seine Rolle gerade mal so beherrschte, aber bei der kleinsten Unwägbarkeit ins Stocken geriet.

Ich frühstückte ausgiebig. Keine Melanie.

Nach dem Geschäftstermin raste ich mit zweihundert Stundenkilometern auf der Autobahn zur *Auberge de Rêve* zurück. Melanie-Time! Doch sie war nicht auf der Terrasse, nicht im Restaurant, nicht im Foyer, nirgends.

In meinem Zimmer setzte ich mich aufs Bett. Mir war schwindlig. Warum nur war ich so enttäuscht? Ich schalt mich einen Idioten. Ich hatte mich verbissen. Wer sagte eigentlich, dass Melanie, die im Übrigen anders hieß, nicht längst abgereist war, dass sich ihre Pläne nicht geändert hatten? Melanies abwesender Blick im Fahrstuhl fiel mir ein und war mir plötzlich Beweis genug für ihr Desinteresse, das Desinteresse bleiben würde.

Ein ungewohnter Klingelton schreckte mich auf: das Zimmertelefon.

Ich nahm verdutzt den Hörer ab. Die Rezeptionistin stellte meine Frau zu mir durch.

»Hallo«, sagte ich überrascht, als ich sie in der Leitung hatte. Was sollte das? Warum rief sie nicht auf dem Handy an? War das ein Kontrollanruf?

»Hallo«, echote sie.

Ich suchte nach Worten, etwas Nettem, Gewöhnlichem, nichts von der Arbeit, denn das langweilte sie. Aber je länger die Pause dauerte, desto schwerer fiel das Sprechen. Alles, was ich jetzt gesagt hätte, hätte eine übertriebene Bedeutung

 gehabt

gehabt. Ich überlegte, ob ich etwas versäumt oder falsch gemacht hatte, aber mir kam nichts in den Sinn. Gerade wollte ich vorsichtshalber »Entschuldige bitte« sagen, da ergriff sie das Wort: »Ich verlasse dich.«

»Wie bitte?«

»Ich verlasse dich«, wiederholte sie.

Ich wartete.

Doch sie, die stundenlang erörtern konnte, wieso sie sich lieber das dunkelgrüne als das hellgrüne Kleid ausgesucht hatte, hielt an dieser Stelle keine Begründung für nötig.

»Du verlässt mich. Warum?«

»Warum nicht?«

Wieder entstand eine Pause, diesmal eine eiskalte. Zwischen uns tat sich eine Gletscherspalte auf, und keiner bewegte sich auch nur einen Millimeter auf den anderen zu, um ja nicht hineinzufallen.

Tja, warum eigentlich nicht, mir fiel auch kein Grund ein, obwohl es mit Sicherheit einige gab. Wir hatten uns zusammengefunden, weil wir gerade beide ans Heiraten dachten und »ein hübsches Paar« waren, wie alle sagten.

Sie legte zuerst auf. Ich drückte den Hörer sanft auf das Ladegerät. Dann zog ich an meinem Ehering, und er glitt mir so leicht vom Finger, als hätte er nie richtig gepasst.

»Ich suchte nach Worten, etwas Nettem, Gewöhnlichem, nichts von der Arbeit, denn das langweilte sie.«

Ich brauchte einen Drink. In meiner Minibar gab es Cognac, aber kein Eis. Also beschloss ich, mich unten an die Bar zu setzen. Auf einmal fühlte ich mich hervorragend. Vielleicht hatte sie einen anderen gefunden, der wirklich ihr Herz anrührte, vielleicht sollte ich eifersüchtig sein. War ich aber nicht. Ich war befreit. Sah es als ein Zeichen an, wie es deutlicher nicht hätte kommen können.

In dem Moment, in dem man aufgibt, meldet sich manchmal das Schicksal. Es hat nur ein bisschen mit dir gespielt, um dir zu zeigen, dass du es nicht zwingen kannst. Du kriegst ein Geschenk oder eben nicht. Und ich würde eines bekommen, da war ich mir plötzlich sicher. Melanie war noch Gast in der *Auberge de Rêve*.

»Hallo«, sagte der Barkeeper, es war wieder Eddie. Ich bat um einen Cognac.

»Gibt es etwas zu feiern?«

»Wie kommen Sie darauf?«

»Na, erzählen Sie mir nichts. Sie sehen so fröhlich aus«, erwiderte Eddie, während er den goldbraunen Cognac in den Schwenker goss. »Und normalerweise trinken Sie Apfelsaft!«

Das gefällt mir in Hotels: Bestellt man beim zweiten Besuch nicht das Gleiche, gilt man zwar als Stammgast, aber eben als ein komplizierter, als einer mit Sonderwünschen.

»Tja, vielleicht gibt es wirklich was zu feiern«, bemerkte ich.

»Hab ich's

»Hab ich's doch geahnt«, sagte der Barkeeper, »ich bin übrigens der Eddie.«

Wir stießen an.

»Baby? Beförderung?«, fragte er.

»Einfach nur ein guter Tag«, sagte ich. Meine Frau verlässt mich, wäre die ehrlichere Antwort gewesen, aber die hätte eine Menge Fragen nach sich gezogen. Ich trank den Cognac aus. Auf meinem Gesicht wuchs ein Grinsen, ohne dass ich etwas dagegen tun konnte.

Ach ja, meine Frau. Obwohl ich mir zu Anfang unserer Beziehung geschworen hatte, ihr diese Intimsphäre zu lassen, hatte ich mir bereits im ersten Monat unserer Ehe ein paar Mal Einblick in ihr Nachtleben verschafft. Es war ein Fehler gewesen, denn sie träumte ausschließlich von teuren Reisen, Kleidern und Partys. Ihre Träume und ihr alltägliches Leben unterschieden sich nur durch die interessanteren Orte, den Preis der Klamotten, die Leute, die sie auf den Festen traf.

Ich erinnerte mich daran, wie ich nachts mitträumte. Sie suchte verschiedene Frankfurter Geschäfte rund um die Alte Oper nach einem Kleid ab, das dem neuen ihrer Freundin Sabine ähnelte. Ein ausgesprochen öder Traum, wenn auch gespickt mit Hochglanzbildern.

Ich bat sie, mir zu erzählen, was sie geträumt hatte. Es war natürlich ein Test. Würde sie sich ein wenig schämen für ihre Oberflächlichkeit, behaupten, sie erinnere sich nicht?

Würde sie erfinderisch werden, um mir auf diese Weise etwas mitzuteilen? Ich musste an Penelope denken, die dem als Bettler verkleideten heimkehrenden Odysseus durch ihren Traum von den Gänsen, die der heimkehrende Adler tötet, mitteilte, dass sie immer an seine Rückkehr geglaubt hatte. Dass sie es gutheißen würde, wenn er, der Adler, die herumlungernden Freier, die Gänse, tötete. Doch die Phantasie hatte sie entweder nicht, oder es war ihr die Mühe nicht wert.

»Ja, aber dann verrätst du mir auch deinen«, verlangte sie.

»In Ordnung.«

Sie erzählte, was ich schon wusste: Sie hatte an ihrer Freundin ein bestimmtes Kleid gesehen und wollte ein ähnliches, dafür klapperte sie verschiedene Läden ab. Nun, sie war ehrlich, aber enttäuscht war ich dennoch: Hätte sie sich nicht die Mühe machen können, das Ganze ein wenig aufzumotzen?

Fortan ließ ich sie allein träumen. Nein, wirklich, dafür würde ich meine Zeit nicht mehr vergeuden. Da schlief ich mich lieber aus, um am nächsten Arbeitstag fit zu sein.

»Jetzt deiner!«, rief sie. Ich schilderte ihr einen Kindertraum, der mich heute noch schockiert, wenn ich an ihn denke. Er stammte von einem fünfjährigen Mädchen; ich gab ihn natürlich so wieder, als sei es mein eigener gewesen:

»Der Traum

»Ein ausgesprochen öder Traum, wenn auch gespickt mit Hochglanzbildern.«

»Der Traum spielt in dem Haus, das wir bewohnten, als ich drei oder vier Jahre alt war. Ich träumte, dass ich in einem Zimmer im oberen Stock schlief. Und dass ich aufwachte und die Treppe hinunterging und im Wohnzimmer stand. Im Wohnzimmer brannte das Licht, obwohl es ansonsten still und leer war. Unser ganz normales dunkelgrünes Sofa und die dunkelgrünen Stühle standen an den ganz normalen, blassgrünen Wänden. Ich ging langsam hindurch.

Das Wohnzimmer war wie immer, ganz das alte. Ich kannte es gut, alles war an seinem Platz. Und doch war es unverkennbar von Grund auf anders. Es war unheimlich, weil es so *normal* war. Ich fühlte auf einmal eine unvergleichliche Fremdheit gegenüber den gewohnten Dingen: dem Sofa, der Stehlampe, dem Paravent. Ich ging durchs ganze Zimmer und öffnete die Küchentür, es war dasselbe. Nein, nicht dasselbe, es war schlimmer. Der Brotkorb in der

Ecke, die Holzgriffe der Messer, die im Messerblock steckten – es war fürchterlich, einfach nur bedrohlich …«

Ich weiß noch, wie erbärmlich das Mädchen in seinem Albtraum zuckte. Ich berührte ihren Unterarm sanft mit der Hand, obwohl meine Eltern mir dies eigentlich verboten hatten. Es half nichts. Scheinbar spielen äußere Reize, die auf die Schlafenden einwirken, wirklich keine Rolle.

»Und?«, fragte meine Frau.

»Nichts weiter. Es war ein Albtraum, der immer wieder kam und bald das ganze Haus einbezog. Ich dachte, die Räume, in denen wir lebten, seien auf einmal böse geworden.«

Meine Frau war von diesem Traum mindestens so enttäuscht wie ich von ihrem.

»Meine Frau war von diesem Traum mindestens so enttäuscht wie ich von ihrem.«

Ich bestellte einen zweiten Cognac. Während ich trank, sah ich unentwegt hinüber zur Tür. Ich wusste ja, sie würde kommen, und befand mich schon in einem Zustand freudiger Erwartung.

Dann erschien sie. In einem Sommerkleid in Grau und Rot, mit etwas zu grell geschminkten Lippen. Sie setzte sich unaufgefordert neben mich.

»Ist der gut?«, fragte sie und deutete auf mein Glas.

»Ja«, sagte ich.

Sie wandte sich an Eddie: »Ich nehme dasselbe.«

Eddie schenkte ihr großzügig ein, und sie kippte den Cognac schnell hinunter, ohne ein Wort zu sagen.

Eddie und ich wechselten einen Blick. Ich konnte ihm ansehen, was er dachte: Das sah nicht nach einem Baby oder einer Beförderung aus.

»Wollen Sie etwas essen?«, fragte ich, aber sie schüttelte den Kopf.

»Ich nehme noch einen«, sagte sie zu Eddie.

»Ich bin auch nicht hungrig, das heißt, ich bin anders hungrig, wenn Sie verstehen, was ich meine.«

Sie klimperte ungeschickt mit den Wimpern und warf sich die Haare zurück.

»Wow«, dachte ich. So dreist war ich noch nie von einer angemacht worden, die keine Professionelle war.

Wir tranken jeder noch zwei und gingen auf ihr Zimmer.

Sie hieß Jacqueline, aber ich sollte sie Jackie nennen. Sie habe sich, sagte sie, gerade von ihrem Mann getrennt. Ein merkwürdiger Zufall, dachte ich. Natürlich war das der Grund, weshalb sie sich so gerne mit mir ablenkte. Ob sie es auch so stilvoll telefonisch getan hatte wie meine Frau? Ich wollte nicht fragen. Es interessierte mich auch nicht mehr, nachdem sie sich ausgezogen hatte.

Später sagte sie, ich könne gerne bei ihr übernachten, dabei klang sie schon so schläfrig, dass ich begeistert ja sagte. Ich konzentrierte mich und war überzeugt, gleich die letzten Streitereien mit ihrem Mann zu sehen, einen Seitensprung, einen E-Mail-Check oder irgendetwas, das der Auslöser für den endgültigen Schlussstrich gewesen war, aber wie schon den ganzen Abend überraschte sie mich.

Sie räumte anscheinend in ihrem Leben auf, denn sie begann sich ihre eigene Geschichte von Anfang an zu erzählen, das heißt, ich merkte, dass sie es versuchte, aber anscheinend gab es zu Beginn nur konturlose, schwammige Bilder, bis dann auf einmal eine Dreizehn- oder vielleicht Vierzehnjährige zu erkennen war. Mein Vater hätte auf seinem Analysebogen notiert, dass sie mit hoher Wahrscheinlichkeit auf irgendeine Weise traumatisiert war. Das war, wie ich wusste, nichts Besonderes und schreckte mich keinesfalls ab.

Ich befand mich, mit ihr träumend, bald in ihrem Wohnzimmer. Sie musste aus sehr bescheidenen Verhältnissen

 stammen

stammen. Dieser Ort sah merkwürdig aus … er war so spärlich und billig möbliert, zwei Sessel, eine schreiend scheußliche Siebziger-Jahre-Gardine in Braun und Erbsgrün. Im Zentrum stand ein Fernsehgerät, ihr Vater und sie verfolgten die Nachrichten. Sie wollte Nachrichtensprecherin werden. Nachrichtensprecherinnen waren für sie der Inbegriff des klugen und schönen Mädchens. Nicht zur Schauspielkunst fühlte sie sich hingezogen, sondern zum *Heute-Journal* oder zu den *Tagesthemen*. Wie merkwürdig.

Dann ging sie aus, offensichtlich mit dem Mann, der sie später heiratete. Sie war erst siebzehn, und für ihre Verabredung machte sie sich mit Kleidern von der Wohlfahrt hübsch. Eine Bluse, die sie für achtzig Pfennig gekauft hatte, wies einige Blutspuren auf. Sie kaschierte die Flecken, indem sie sie verrieb, so dass es aussah wie die Batikstoffe, die Hippies so gerne tragen. Zudem verteilte sie einige Anstecknadeln mit diesen winzigen Plastikrosen, die sie bei einem Italiener im Bahnhofsviertel von der Tischdekoration hatte mitgehen lassen, unregelmäßig auf dem Oberteil. Es entstand ein kleines Kunstwerk. Wären nicht die neonfarbenen Glanzleggins mit dem Tierprint gewesen, die sie dazu kombinierte – man hätte die Bluse für eine Kreation von Jean Paul Gaultier durchgehen lassen. Ihr Mann, der alles gern durchstrukturierte, sagte, das schulterfreie Top sei ihm zuerst aufgefallen, als sie an der Straße stand. In dieses

Oberteil habe er sich zuerst verliebt, dann in die Art, wie sie winkte – mit nach vorn gehaltener Handfläche und nur die Finger bewegend, wie ein kleines Mädchen –, und schließlich in ihre Augen. Die Reihenfolge hätte auch eine andere sein können, gab er zu, aber er sah sie nun mal zuerst durchs Autofenster, und da waren ihre Augen hinter einer blauen Plastiksonnenbrille

Plastiksonnenbrille versteckt, die ihr etwas zu klein war. Sie verliebte sich zuerst in seine Ehrlichkeit und dann in seine Großzügigkeit. Ich fühlte keinerlei Eifersucht beim Mitträumen.

Beim Aufwachen war ich von tiefem Verständnis für sie erfüllt. Das war eine Frau, die sich nicht so leicht unterkriegen ließ.

Flora, das Zimmermädchen, starrte uns nach, als wir an ihr vorbei zum Frühstück gingen. Diese Unternehmensberater aber auch! Jackie hielt meine Hand und ließ sie erst los, als der Kaffee serviert wurde.

»Hast du gewusst, dass es in den USA eine Selbsthilfegruppe für Lottomillionäre gibt?«, fragte sie und köpfte ein Ei.

»Hab mal davon gehört«, nuschelte ich mit vollem Mund: »Habsnichglaumkönn.«

»Wie bitte?« Sie lächelte.

Ich schluckte erst mal: »Hab's für einen Mythos gehalten.«

»Es ist keiner.«

Sie erzählte mir von ihrer Tochter und deren Doktorarbeit und war überrascht, dass ich mich ein wenig mit dem Thema auskannte.

»Hast du auch gewusst, dass es eine Deutungsmethode für Traumbilder gibt, ein Buch, das Traumbilder in Lottozahlen übersetzt?«

Ich schüttelte den Kopf: »Das ist ja verrückt …« Wie ärgerlich, dass ich ausgerechnet diesen Teil ihres Gesprächs verpasst hatte. Das musste die Tochter Jackie erzählt haben, als die blöden Japaner sich im Restaurant breitmachten.

In den

In den kommenden Nächten erfuhr ich mehr von ihr, Splitter ihres Lebens, die das ergänzten, was sie tagsüber von sich preisgab (nicht sehr viel, aber ich musste ja nicht nachbohren). Ab der fünften Nacht wurde es seltsam irreal.

Zum Beispiel hatte sie einmal die Lippen rot geschminkt und haltlos geschrien.

Sie lachte mit Freundinnen, auch da stimmte etwas nicht, vielleicht, weil dem Traumbild der Hintergrund fehlte. Es war, als geschähe alles auf einer Bühne.

»Warst du eine Zeitlang Schauspielerin?«, fragte ich sie eines Tages aus einem Impuls heraus, und sie nickte, ja, fast vier Jahre lang – aber es wurde mir dann zu viel mit dem Kind.

Wir waren in Wiesbaden, um mir Freizeitkleidung zu kaufen – ich hatte keine Lust, zu dem Haus zu fahren, das ich mit meiner Frau geteilt hatte. Beim Einkaufen gefiel ihr ein Seidenschal im Schaufenster, aber er war ihr zu teuer. Ich merkte mir den Laden.

Eines Morgens kam sie ins Bad, als ich mich rasierte. Sie betrachtete unsere Gesichter im Spiegel und sagte unvermittelt: »Mir ist lange nicht eingefallen, was es ist, das dieses Hotel so besonders macht, aber jetzt weiß ich es wieder. Sieh uns an. Eine reiche, geschiedene Taunushausfrau, die sich vermutlich bald karitativ betätigen wird, um die Zeit totzuschlagen. Oder einen Aquarellkurs besucht. Und du: Das Bild

»Ab der fünften Nacht wurde es seltsam irreal.«

eines attraktiven, erfolgreichen Unternehmensberaters. Alle hier, wir eingeschlossen, sehen aus wie Komparsen in einem Theaterstück, total übertriebene Typen … es ist irgendwie unheimlich. Etwas stimmt hier ganz und gar nicht.«

Sie hielt inne und sah mich – mein Gesicht im Spiegel, um genau zu sein – an: »Weißt du, was ich meine?«

Mir gelang es, mich zusammenzureißen und zu sagen: »Tja, was glaubst du, weshalb ich hier so gut auf dich aufpasse!«

Doch innerlich war ich aufgewühlt. Sie hatte Recht. Hatte damit etwas in Worte gefasst, das ich ebenso empfand: Es stimmte, alle Personen und auch die Dinge hatten etwas Klares, aber auch Übertriebenes. Es war, als würde das Hotel sich sein Personal und seine Gäste selbst zusammenträumen.

Nach einer Woche fehlte mir so viel Schlaf, dass ich beschloss, eine Pause einzulegen beim Mitträumen. In den letzten Nächten hatte ich nur sehr merkwürdige Bilder zu sehen bekommen: Ich beobachtete, wie sie immer wieder mit einem Koffer allein die Straße entlangspazierte. Die Sonne ging zwar gerade auf, doch ihr Ziel konnte ich nicht sehen. Sie selbst also ebenso wenig.

Eines jedoch war gewiss: Ich wollte nicht mehr ohne Jackie leben – jedenfalls nicht die nächste Zeit. Ich würde ihr sehr bald eine Frage stellen.

Als Jackie zu einem Zahnarzttermin musste, fuhren wir wieder nach Wiesbaden. Ich ging ihr den Schal kaufen und setzte mich dann mit meinem Laptop ins Café am Rathaus, wo ich die Mails von Bekannten und Freunden aus den letzten Monaten beantwortete, eine Beschäftigung, für die ich normalerweise keine Zeit fand.

Ich hatte dabei das gute Gefühl, neben dem alles verschlingenden Beruf doch noch ein eigenes, privates Leben zu führen. Meine Work-Life-Balance auszugleichen. Ich schrieb etwa zwanzig kurze Nachrichten an die Leute, die ich in meinem Leben behalten wollte, jetzt, da ich bereit war für etwas Neues.

Jackie kam mich abholen, und wir schlenderten eine knappe Stunde durch den Kurpark, so lange, bis sie die Betäubung am Kiefer nicht mehr spürte und wir zu Mittag essen konnten.

Erst im Hotel schenkte ich ihr den Schal, und sie schien glücklich zu sein. Ich freute mich über das Geschenkemachen bestimmt genauso wie sie über das Empfangen. Später am Abend, ich holte gerade eine CD aus dem Auto, die ich ihr vorspielen wollte, sah ich sie im erleuchteten Fenster unseres Zimmers. Sie hatte einen Sessel ans Fenster geschoben und die Beine aufs Fensterbrett gelegt. Sie rauchte eine Zigarette. Als sie fertig war, lehnte sie ihren Kopf mit geschlossenen Augen an das erbsengrüne Polster und nickte ein.

Sie schlafen zu sehen erfüllte mich mit unendlichem Frieden.

Am nächsten Morgen wachte ich allein auf. Jackie und ihre Sachen waren weg. Ich blinzelte. Durchsuchte den Raum: als hätte es sie nie gegeben. Kein Brief, nichts. Ich streifte etwas über und hastete, weil der Aufzug nicht sofort kam, die Treppe hinunter zur Rezeption. Dort erfuhr ich, was ich eigentlich schon wusste: Jackie hatte das Hotel verlassen. »Gegen sieben Uhr«, präzisierte die Rezeptionistin.

Ich stand da und dachte, nein, das ist ein Irrtum. Anscheinend hatte ich laut gedacht, denn die junge Frau antwortete, ihre leichte Belustigung kaum unterdrückend: »Sie hat ausgecheckt, und ich habe leider keine Adresse oder Telefonnummer von ihr. Sie wollte auch keine Quittung. Es tut mir leid.«

Es tat ihr alles andere als leid, sie genoss die Szene, in der sie es war, die Nebendarstellerin, die die Pointe sprechen durfte.

Kaum zu glauben, dass diese freche Person dieselbe freundliche Empfangsdame sein sollte, die die ganze Zeit hier gesessen hatte. Sie lächelte mich an. Ich starrte hasserfüllt zurück. Ich hätte die verflixte Schlampe würgen können, doch zu ihrem Glück kam jetzt der Hotelbesitzer an einem Stock aus dem Büro hinter ihr, schob sich bedächtig an der Theke vorbei und ließ sich auf seinen Sessel fallen.

Betäubt ging ich zurück in mein Zimmer, um meine Sachen zu packen. Warum jetzt? Jetzt, wo ich praktisch aufgehört hatte, ihr nachzuspionieren? Das war das Einzige, dessen ich mich für schuldig befand, und sie konnte unmöglich etwas geahnt haben. Aber sie war weg, und dort, wohin sie gegangen war, wollte sie von mir nicht gefunden werden.

Mit dem Koffer in der Hand beglich ich am Empfang meine Rechnung.

»Wirklich keine Adresse? Kein Hinweis?« Nein.

Der Hotelbesitzer betrachtete die Szene mit wachen hellblauen Augen. Jetzt, wo ich immer noch ungläubig vor der Angestellten stand und mich am liebsten an sie geklammert hätte als meine letzte Hoffnung – obwohl ich sie, paradox genug, gleichzeitig immer noch umbringen wollte –, sah ich, wie er sich aus dem Sessel erhob und dabei vor Schmerz zusammenzuckte, sich aber sofort wieder im Griff hatte. Er stützte sich an der Lehne ab. Wandte sich mir zu und sagte im Ton eines Regisseurs, der seinen Schauspieler rügt: »Sie werden darüber hinwegkommen. Und wenn Sie anfangen müssen, von ihr zu träumen. Wer weiß, vielleicht ist dies schon ein Traum – Ihr erster eigener.«

Nein, das hat er nicht wirklich gesagt, dachte ich verwirrt. Er saß ja auch schon wieder, er war bestimmt nicht aufgestanden, um mir so etwas Merkwürdiges mitzuteilen …

 dieses verflixte

dieses verflixte Hotel, es durfte einfach nicht wahr sein, was es mit mir machte!

Ich trat auf die Straße, lang und schnurgerade führte sie direkt in den Horizont. Ich wusste nicht, was mich dort erwartete, aber Jackie war dahin verschwunden. Die Sonne stand hoch, sie blendete mich, und ich hätte schwören können, das in der Ferne, in glitzerndem Schnee, ein Wolfshund auf mich zujagte. Das Hotel lachte, schallend und böse, hinter mir her.

BILDNACHWEISE

Seite	
1	Theaterfoto aus: »CosmicMemos, Denotation Babel«, Konzept, Komposition, Inszenierung: HCD, 2003
6/7	Nationaler Flughafen in Moskau, 2002
10	Zebrastreifen am ehemaligen Frankfurter Polizeigefängnis Klapperfeldstraße, 2012
12/13	Silvaplanersee im Engadin, Schweiz, 2001
15	Auberge de Temple während der Renovierung, 2013
16/17	Theaterfoto aus »Warum läuft Herr R. Amok«, Schauspiel Frankfurt, Regie: Michael Thalheimer, 2003
21	Chinesischer Hund aus »China Daily«, 1993
22	Blick auf den Neumarkt in Dresden, 2010
26/27	Berggruppe im Engadin bei Samedan, 2002
28/29	Bundesjugendtreffen IG BAU in Dortmund, 2006
31/32	Bäume im Yosemite-Nationalpark, Kalifornien, USA, 2009
34	Baustellenkräne in Toronto, 2009
36/37	Niagarafälle, an der Grenze zwischen dem US-amerikanischen Bundesstaat New York und der kanadischen Provinz Ontario, 2009
39	Sydney, Australien, 2015
40	Theaterfoto aus »mannMACHTtmann«, Schauspiel Frankfurt, Regie: Alexander Brill, 2005
42/43	Theaterfoto aus »Alice im Wunderland«, nach Lewis Carroll, Regie: Philipp Preuss, Schauspielerin: Valery Tscheplanowa, 2010
47	Wanderweg zum Corvatsch im Engadin, Schweiz, 2002
48/49	Spiegelung im Main, Frankfurt am Main, 2012
52/53	Autobahnfenster, Shanghai, China, 2008

SILKE SCHEUERMANN, geboren in Karlsruhe, lebt bei Frankfurt am Main. Für ihre Gedichte, Erzählungen und Romane erhielt sie zahlreiche Stipendien und Preise, unter anderem das Stipendium der Villa Massimo in Rom (2009) sowie den Hölty-Preis für Lyrik der Landeshauptstadt und der Sparkasse Hannover (2014). Im Wintersemester 2012/13 hatte sie die Poetikdozentur in Wiesbaden inne. Zuletzt wurde sie mit dem Bertolt-Brecht-Preis 2016 ausgezeichnet.

ALEXANDER PAUL ENGLERT, geboren in Freiburg/Breisgau. Philosophiestudium in Frankfurt am Main, Grafikdesign und Fotografie an der Hochschule für Gestaltung in Offenbach. Er lebt und arbeitet als Künstler und freier Fotograf in Frankfurt am Main. Seit 1989 im Auftrag und mit eigenen Projekten tätig, Einzelausstellungen und Ausstellungsbeteiligungen im In- und Ausland.